Joëlle Tourlonias, geboren 1985, hat an der Bauhaus-Universität in Weimar Visuelle Kommunikation mit Schwerpunkt Illustration und Malerei studiert. Sie ist seit 2009 selbständige Künstlerin und lebt in Düsseldorf. Bei Jacoby & Stuart erschienen bisher *Besuch bei Oma*, *Mikropolis* und *Einhörnchen*.

Fabiola Nonn, geboren 1989, hat an der Freien Kunstschule Stuttgart und an der Hochschule für Kunsttherapie Nürtingen studiert. Sie lebt in Stuttgart.

Lukas Weidenbach, geboren 1983, hat nach seiner Ausbildung zum Buchhändler in Düsseldorf Medien- und Kulturwissenschaften studiert. Er arbeitet in einem Frankfurter Verlag.

3. Auflage 2015
© 2014 Verlagshaus Jacoby & Stuart, Berlin
Alle Rechte vorbehalten
Gesetzt aus der Fontin
Druck und Bindung: Livonia Print
Printed in Latvia
ISBN 978-3-942787-34-5
www.jacobystuart.de
Unsere Trailer auf www.youtube.com/jacobystuart

FABIOLA NONN LUKAS WEIDENBACH JOËLLE TOURLONIAS

Die Geschichte von CARL MOPS
DER VERLOREN GING UND WIEDER NACH HAUSE FAND

VERLAGSHAUS JACOBY & STUART

Ich heiße Carl, und ich bin ein Mops. Heute nimmt Frauchen mich mit zum Einkaufen in die Stadt. Weil ich so kurze Beine habe und nicht besonders schnell laufen kann, trägt sie mich immer in ihrer Tasche. Hier stinkt es nach Lippenstift und Parfüm. Bäh! Da klingelt plötzlich neben mir das Handy, und ich erschrecke mich furchtbar. Ich stecke den Kopf heraus und schnappe nach Luft. Puh, anstrengend! Ich kann nämlich nicht so gut atmen. Als mich die anderen Hunde auf der Wiese in der Tasche sehen, lachen sie mich aus. Ich tue so, als wäre mir das egal. Aber es ärgert mich, und ich ducke mich, damit sie mich nicht mehr sehen können. Ich will auch draußen spielen.

Oh, wie lecker das riecht – das ist mein Lieblingsgeschäft!
Ich muss leider draußen bleiben, aber dafür bekomme ich immer
ein Stück saftige Fleischwurst.

Huch, was ist denn jetzt los? Frauchen stürzt mit dem Telefon in der Hand aus dem Laden. Und jetzt läuft sie einfach weg. Halt, stopp! Ich will ihr nachlaufen, aber die blöde Leine ist festgebunden!

Endlich schaffe ich es, mich aus dem Halsband zu winden, aber Frauchen ist weg. Wenn ich ganz schnell renne, hole ich sie vielleicht noch ein. Atemlos laufe ich durch die Straßen. Die Sonne ist schon untergegangen, und im Dunkeln sieht die Welt ganz anders aus. Wo bin ich bloß? Diese Gegend kenne ich gar nicht. Ist hier denn niemand, der mir helfen kann? Ich habe Angst.

Plötzlich höre ich aus einer Ecke lautes Knurren. Da steht ein riesiger struppiger Hund vor mir! Meine Ohren fangen an zu schlackern. Aber ich nehme all meinen Mut zusammen und frage:
„Kannst du mir bitte sagen, wo ich bin? Ich hab mich verlaufen."
„Das kann ich dir genau sagen. Du bist in meinem Revier!"
Der fremde Hund kommt immer näher. Wie schmutzig sein Fell ist! Und es riecht nach Abfall und Regenpfützen.
Ich knurre ihn an so laut ich kann. Aber besonders laut ist das nicht.
Ich habe solche Angst!
Da legt der riesige Hund den Kopf schief und sagt:
„Du siehst müde aus, Kleiner."
Als ich nicht antworte, beugt er sich zu mir herunter. „Mein Name ist Paula, und das hier ist meine Straße. Du musst keine Angst haben."

Paula führt mich zu ihrem Schlafplatz hinter den Müllcontainern. Sie gibt mir sogar ihr Kissen, damit ich mich ausruhen kann. Ich stupse es vorsichtig mit einer Pfote an. Das Kissen riecht ganz schön komisch, aber es ist weich, und ich kann mich darauf zusammenkuscheln. Ich bin so froh, dass ich Paula getroffen habe. Und ich bin so müde …

Am nächsten Morgen ist es kalt, und ich habe solchen Hunger.
Ich denke an mein Frauchen. Ob sie nach mir sucht?
Ich klettere vom Kissen herunter. Paula ist schon wach.
„Du willst nach Hause, hab ich recht?", fragt sie. „Na los, ich helfe dir, den Weg zu finden."

„Guck mal, Carl. Da ist ja ein Bild von dir!" Ich drehe mich um und staune nicht schlecht. Tatsächlich! Bestimmt hat Frauchen all diese Bilder aufgehängt. Sie fehlt mir so sehr. Wenn ich doch bloß den Weg nach Hause wüsste …
Da steigt mir plötzlich der leckere Geruch von Fleischwurst in die Nase.
„Paula, Paula! Ich weiß, wo wir sind! Von hier aus finde ich den Weg!"

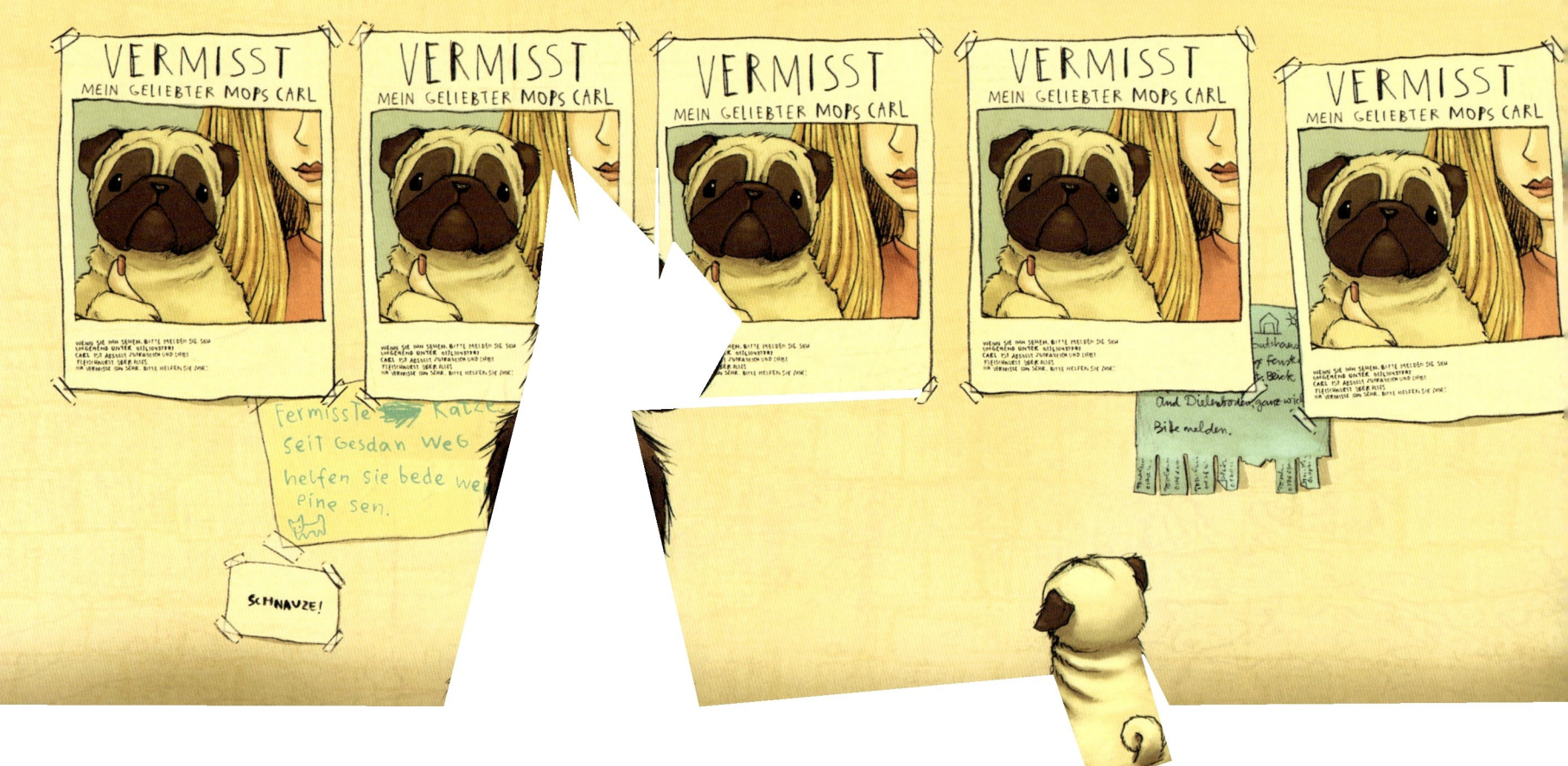

„Mein kleiner Carl, da bist du ja!", ruft Frauchen glücklich, als sie mich sieht. Sie nimmt mich in den Arm. „Ich hatte solche Angst um dich", murmelt sie und drückt ihre Wange in mein Fell. „Gleich kriegst du ein extragroßes Stück Fleischwurst! Und waschen muss ich dich auch." Da fällt ihr Blick auf Paula. „Was macht denn dieser zottelige Köter hier?", fragt sie und wedelt mit einer Hand in Paulas Richtung. „Du stinkst! Geh nach Hause!"

Schnell setze ich mich zu Paula. „Was ist denn jetzt los?", fragt Frauchen. „Schon in Ordnung, Kleiner", brummt Paula. „Ich komme auch allein zurecht." Ich will aber nicht, dass Paula geht! Außerdem gibt es doch genug Platz für uns beide, und mit ihr wäre es sicher nicht so langweilig! Ich drücke mich fest an Paula. Frauchen seufzt. Dann lächelt sie.
Und endlich sagt sie: „Na gut – der Hund darf mit reinkommen."

„Pfui, die Seife stinkt. Was zum Henker soll das überhaupt?", knurrt Paula leise und schüttelt sich. Aber ihre Augen strahlen, und sie lässt sich von Frauchen mit dem Handtuch trocken rubbeln. „So ist es brav", lobt Frauchen.
Doch als sie nach dem Hundeparfüm greift, ist Paula schneller verschwunden, als wir gucken können. Sie hinterlässt nur ein paar nasse Pfotenabdrücke.

Frauchen hat gesagt, Paula darf für immer bei uns bleiben. Jetzt hat sie auch ein Zuhause, und ich bin nicht mehr so allein. Wir gehen jeden Tag spazieren. Auf der Wiese warten die anderen Hunde schon auf uns. Aber am liebsten jage ich mit Paula die Spatzen, obwohl wir genau wissen, dass unser Frauchen dann schimpft.

Ich glaube, Frauchen ist auch froh darüber, dass ich nicht mehr in ihrer Tasche sitze. Manchmal machen Paula und ich Wettrennen. Sie ist viel schneller als ich, aber das macht nichts. Denn wenn ich vom Laufen ganz müde bin, lege ich mich auf ihren Rücken. Und dann trägt meine Freundin Paula mich nach Hause.